Photos de vacances (pages 4–5)

Complète les légendes pour l'album de Séverine.
Complete the captions for Séverine's album.

1 C'est Anthony.

Il joue sur la place

avec son père.

2 C'est Audrey.

_____

_____

3 C'est Patrick.

_____

_____

4 C'est Julie.

_____

_____

5 C'est Clément.

_____

_____

6 C'est Violette.

_____

_____

Il	se promène	sur la plage	avec	son	père
Elle	joue	sur la place		sa	mère
	dort	au bord de la mer		ses	parents
	fait du camping	à la montagne			frère
	fait du canoë	à la campagne			soeur
	fait une randonnée	en ville			copains

© Heinemann Educational 1998

Qu'est-ce que tu as fait? (pages 6–7)

1 Qu'est-ce que tu as fait? Complète les réponses.
What have you done? Complete the answers.

1 J'ai ___fait du vélo.___

A Je n'ai pas ___fait de vélo.___

2 J'ai _____

B Je n'ai pas _____

3 Je suis _____

C Je ne suis pas _____

4 _____

D _____

5 _____

E _____

6 _____

F _____

Est-ce que tu as …? J'ai/Je n'ai pas	joué au foot lu des/de B.D. nagé travaillé à la ferme	regardé la télé fait des/de promenades fait du/de vélo fait du/de camping

Est-ce que tu es …? Je suis/Je ne suis pas	resté(e) à la maison allé(e) au parc d'attractions

2 Ecris des questions pour ces réponses. *Write questions for these answers.*

1 Est-ce que tu as ___fait du camping___? Oui, j'ai fait du camping.

2 Est-ce que tu es _____ ? Non, je ne suis pas resté à la maison.

3 _____ ? Oui, je suis allée au parc d'attractions.

4 _____ ? Oui, j'ai regardé la télé.

5 _____ ? Non, je n'ai pas fait de promenades.

Où es-tu allé(e)? *(pages 8–9)*

Complète les bulles. *Complete the speech bubbles.*

A

Je suis allée aux [drapeau] Etats-Unis
[avion] en avion avec [personnes]
mes parents . [personnage] C'était nul!

B

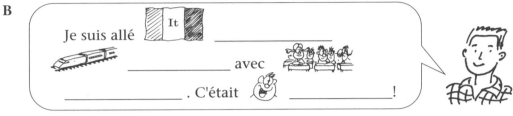

Je suis allé [It] _____
[train] _____ avec [classe]
_____ . C'était [personnage] _____!

C

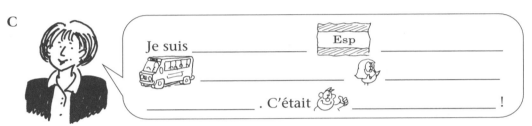

Je suis _____ [Esp] _____
[car] _____ [oiseau] _____
_____ . C'était [personnage] _____!

D

_____ [Fr] _____
[train] _____ [copains] _____
_____ . [personnage] _____!

E

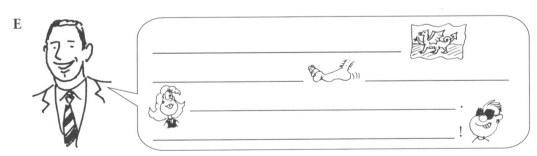

_____ [drapeau]
[pied] _____
[copine] _____ .
_____ [personnage] !

en France	en train	avec	mes parents	C'était	génial!
en Allemagne	en avion		mes copains		cool!
en Italie	en car		ma classe		pas mal!
aux Etats-Unis	en voiture		mon copain		ennuyeux!
en Espagne	en vélo		ma copine		nul!
au Pays de Galles	à pied				

Je rentre en France *(pages 12–13)*

1 Complète la lettre de Séverine.
Complete Séverine's letter.

Chère Delphine,

Je m' __appelle__ Séverine. J' _____ avec _____ mère et _____ frère. _____ habitons à Libourne près de Bordeaux.

Mes parents sont _____ . Mon père est allemand et il habite _____ Allemagne.

En ce moment je _____ les vacances chez _____ grands-parents. Ce _____ les parents de ma mère. C'est super ici mais dans une semaine je _____ à Bordeaux. Dommage.

J'ai déjà deux correspondants. Isabelle est _____ et _____ habite à Québec au Canada avec _____ père.

Giuseppe habite en _____ . Il est _____ , mais sa mère _____ française, alors il parle italien et _____ .

Et _____ ? Comment est _____ famille?

Ecris- _____ vite.

Séverine

divorcés	français	mes	passe	appelle	canadienne	ta	mon
nous	elle	sont	en	Italie	est	son	habite	rentre	italien
moi	toi	ma					

2 Complète la grille.
Fill in the grid.

mon	père	_____	mère	mes	parents
_____	père	ta	mère	_____	parents
son	père	_____	mère	_____	parents

Comment voyagent-ils? (pages 14–15)

Complète les cartes postales.
Complete the postcards.

(1)
Je prends [bus] __le car__ de Paris à Bruxelles.
J'arrive **S** __amedi__ à [11:30]
__onze heures et demie__ .
Marc

(5)
_____ [ferry]
_____ et [train]
_____ .
_____
V _____ [19:50]
_____
_____ .
Laure

Cantorbéry
Douvres
Calais
Bruxelles
Paris

(2)
Je prends [train]
_____ de _____
à _____ . J'arrive
Me _____ [11:05] à
_____ .
Hélène

La Rochelle
Bordeaux
Toulouse
Nice
Madrid
Rome
Lisbonne

(4)
_____ [car]
_____ et [bus]
_____ .
_____
_____
D _____ [23:35]
_____
_____
Jean-Marie

(3)
Je prends [plane]
_____ de Nice à
_____ .
J'arrive **L** _____ à [6:30]
_____ heures et _____ .
Henri

5

Martine fait sa valise (pages 16–17)

1 Martine part en vacances, mais où sont ses affaires? Trouve les bonnes réponses.
Martine is going on holiday, but where are her things? Find the right answers.

1 Où est mon pantalon?   **a** Mais … dans la valise!

2 Où est mon tee-shirt?   **b** Là, sur le bureau.

3 Où est ma botte?   **c** Sur la commode!

4 Où est mon écharpe?   **d** Là, sur le lit!

5 Où sont mes chemises?   **e** Sous la commode.

6 Où est mon appareil-photo?   **f** Sous la valise!

7 Où est ma trousse de toilette? **g** Regarde! Sur la chaise!

2 Ecris les questions de Martine. Puis complète les réponses de sa mère.
Write Martine's questions. Then complete her mother's answers.

1 Où <u>est mon jean</u> ? Ton jean est _____!

2 _____? Ton gant est _____.

3 _____? Ta chaussette est _____.

4 _____? Tes pulls sont _____!

5 _____? _____ valise _____ sur le lit!

6 _____? Tes sous-vêtements _____ le lit!

_____?

7 _____? _____ tennis sont _____ la commode.

Mon journal *(pages 20–21)*

Louis est allé au bord de la mer avec ses copains. Mais …
Louis went to the seaside with his friends. But …
Ecris quatre phrases sous chaque photo pour compléter son journal.
Write four sentences under each photo to complete his diary.

1

Je me suis levé à huit heures. Il y avait …

_____

_____

_____

2

_____

_____

_____

_____

3

_____

_____

_____

_____

4

_____

_____

_____

_____

Je me suis couché	J'ai passé	une nuit affreuse.	du Coca.
~~Je me suis levé~~	Il y avait	~~à huit heures.~~	à six heures.
~~Il y avait~~	J'ai joué	au volley-ball.	froid.
Je me suis levé	Il faisait	à la maison.	du soleil.
Il pleuvait	J'ai bu	à neuf heures.	beaucoup.
J'ai téléphoné	J'ai nagé	dans la mer.	du vent.
J'ai mangé	Il faisait	du brouillard.	du pain.
Je suis rentré	Je suis allé	à la plage.	à mon père.

© Heinemann Educational 1998

J'ai acheté des cadeaux (pages 22–23)

1 Trouve la bonne étiquette pour chaque article.
Find the right ticket for each item.

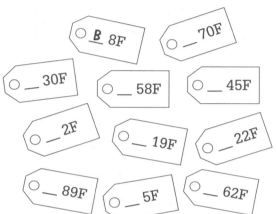

○ _B_ 8F

○ ___ 70F

○ ___ 30F

○ ___ 58F

○ ___ 45F

○ ___ 2F

○ ___ 19F

○ ___ 22F

○ ___ 89F

○ ___ 5F

○ ___ 62F

un bol rouge et bleu ... soixante-dix francs ...
un tee-shirt noir ... cinquante-huit francs ...
des feutres ...vingt-deux francs le paquet ...
des pin's assortis ... cinq francs ...
une B.D. de Tintin ... huit francs ...
des badges ... deux francs ...
un bel album-photos ... soixante-deux francs ...
des autocollants ... trente francs le paquet ...
des posters ... dix-neuf francs ...
une belle broche ... quarante-cinq francs ...
un beau portefeuille ... quatre-vingt-neuf francs

2 Trouve onze cadeaux dans la grille. *Find eleven presents in the grid.*

A	Z	A	R	L	E	E	R	O	P	X	A	U
U	A	I	R	O	B	L	N	H	I	P	L	V
T	N	A	B	R	O	C	H	E	N'	O	B	-
O	N	B	E	Y	L	L	E	E	S	T	U	T
C	H	A	U	S	S	A	R	T	I	S	M	M
O	G	D	C	R	A	I	P	G	L	T	-	T
L	E	G	R	D	G	N	O	E	E	A	P	L
L	G	E	A	I	E	T	S	I	A	O	H	W
A	I	S	C	F	E	U	T	R	E	S	O	I
N	O	M	R	A	G	E	E	N	T	G	T	B
T	E	E	-	S	H	I	R	T	C	O	O	D
S	A	E	S	E	P	O	S	I	R	-	S	I
V	P	O	R	T	E	F	E	U	I	L	L	E

C'est la rentrée! (pages 24–25)

1 C'est le sac de qui? *Whose bag is it?*
Ecris le bon nom sous chaque sac. *Write the right name under each bag.*

A

_____

B

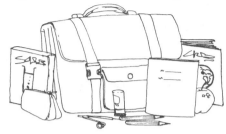

_____

C

_____

D

_____

cahier de brouillon	baskets	crayons
crayons	feutres	photo d'identité
colle	gomme	compas
compas	cahier de brouillon	tartine
trousse	crayons	livres
livres	photo d'identité	baskets
fruit	livre	
	yaourt	
Marc	Annie	Sandrine

2 Prépare une liste pour le sac qui reste.
Make a list for the remaining bag.

_____   _____

_____   _____

_____   _____

_____   _____

_____   _____

Révision (pages 26–27)

Complète le message électronique de Benoît. *Complete Benoît's email.*

Chère Elodie,

Je suis __rentré__ de vacances mercredi. J'ai _____ les
vacances à la campagne avec mon copain et sa famille. Il
s'_____ Philippe. Son père est canadien et sa mère
_____ française et il _____ ici à Toulouse.

J'ai _____ en voiture. Il y _____ du soleil.
J'_____ joué au tennis, j'ai _____ des promenades,
j'ai _____ des B.D. et j'ai _____ beaucoup de frites.
C'était cool! Un jour, avec Philippe, je suis _____ au parc
d'attractions. Ce n'_____ pas mal mais je n'ai pas
_____ le grand huit. J'ai _____ la
rivière sauvage.

Dimanche dernier, je _____ allé à la mer. J'ai
_____ au volley-ball mais je n'ai pas _____
parce que je n'_____ pas mon maillot de bain! J'ai
_____ des cartes postales amusantes pour ma
grand-mère et mes copains. J'ai _____ un
tee-shirt génial pour ma mère et des pin's pour mon frère.

Aujourd'hui, je _____ mes vêtements et mon
cartable parce que je _____ à l'école lundi.

Et toi? Où as-tu _____ les vacances? Quel temps
_____-il?

A bientôt,   Benoît

---

avais   envoyé   avait   prépare   fait   appelle   acheté   lu

suis   passé   était   joué   nagé   allé   rentre   passé   préféré

rentré   est   joué   mangé   ai   aimé   voyagé   habite   faisait

Comment est ton collège? *(pages 28–29)*

Premier étage

la salle de langues	la salle d'informatique	la salle d'EMT	la salle de dessin
la salle d'histoire-géographie	le CDI	la salle de gym	la salle de permanence

Rez-de-chaussée

les vestiaires des garçons	les vestiaires des filles	les toilettes des garçons	les toilettes des filles
le secrétariat	la salle des profs	la loge du concierge	l'infirmerie
le bureau du principal	les cuisines	la cantine	

1 Trouve les bonnes réponses. *Find the right answers.*

1 Où est la salle des profs?

2 Pour aller à la salle de langues?

3 Pour aller au bureau du principal?

4 Où est la salle d'informatique?

5 Où sont les cuisines?

A Au premier étage, entre la salle de langues et la salle d'EMT.

B Tournez à gauche.

C Tournez à droite.

D Au rez-de-chaussée, en face du secrétariat.

E C'est au premier étage, à côté de la salle d'histoire-géo.

2 Réponds aux questions. *Answer the questions.*

1 Pour aller à l'infirmerie, s'il vous plaît? <u>**C'est ...**</u>

2 Où est le centre de documentation et d'information? _____

3 Où est la salle de gym? _____

4 Pour aller aux vestiaires des garçons? _____

5 Où est la salle de permanence? _____

C'est	entre	le/la/les ...
	à côté/en face/près	du/de la/des ...

© Heinemann Educational 1998

Mon emploi du temps *(pages 30–31)*

Lis les bulles et complète l'emploi du temps.
Read the speech bubbles and complete the timetable.

EMPLOI DU TEMPS						
	lundi	mardi	mercredi	jeudi	vendredi	samedi
8h	MATH					
9h						
Récréation						
10.10h						
11h						
Déjeuner						
14h						
15h						
16h						

Nous avons français le lundi à trois heures, le mardi à huit heures et à onze heures, et le jeudi à huit heures.

Les cours d'anglais sont le lundi après la récréation, le jeudi à quatre heures et le vendredi avant le déjeuner.

Nous avons deux heures de sciences le samedi matin à partir de huit heures.

Nous avons étude le lundi avant le déjeuner, le mardi avant et après la récréation et le vendredi à huit heures.

Le jeudi après-midi à deux heures nous avons deux heures d'EMT.

Le cours d'éducation civique est le samedi, après la récréation.

Nous avons deux heures de maths le lundi avant la récréation et il y a deux autres cours le jeudi avant et après la récré.

Nous avons espagnol le lundi à deux heures et le vendredi avant et après la récréation.

Nous avons deux heures d'histoire le mardi à trois heures et un autre cours le jeudi à onze heures.

Les cours de géo sont le mardi après le déjeuner, le vendredi à trois heures et le samedi à onze heures.

Nous avons EPS le vendredi avant le cours de géo.

Qu'est-ce que tu penses de ...? *(pages 32–33)*

1 Complète le poème des matières.
Récite le poème pour vérifier!
Complete the poem about the subjects.
Recite the poem to check!

Le prof de maths est super
C'est génial, je suis fort!
Mais je pense que je suis mauvais!
Les sciences et la physique
Mais ma mère dit, "Ce n'est pas
   utile!"
Je déteste l'EMT
C'est très difficile pour moi
Les maths, c'est intéressant

---

1 Je déteste la musique,

   <u>Les sciences et la physique</u>   .

   Si tu me demandes pourquoi,

   _____ .

2 _____ ,

   Mais la géo, c'est barbant.

   _____ ,

   Mais le prof de géo est sévère!

3 _____ ,

   Et je n'aime pas l'anglais.

   Je préfère le français,

   _____ !

4 Qu'est-ce que je pense du sport?

   _____ !

   Pour moi, le sport c'est très facile,

---

2 Complète la grille et trouve le cours mystère.
Fill in the grid and find the mystery subject.

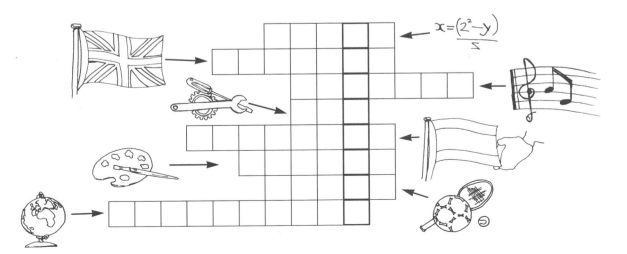

Hommes et femmes célèbres dans l'histoire de France *(pages 36–37)*

1 Trouve vingt légendes pour l'album de famille. Entoure-les.
Find twenty captions for the family album. Circle them.

monpère mafillemonfrèrematantemonfilsmademi-soeurmonmari

mabelle-mèremononclemafemmemongrand-pèremacousine

mondemi-frèremagrand-mèremoncousinmapetite-fille

monbeau-pèremamèremonpetit-filsmasoeur

2 **a** Complète les légendes de la photo de famille de Louis.
Complete the captions on Louis' family photo.

_____ Mathieu   _____ Chantal

Moi   **mon oncle** Jean-Claude

_____ Henri

ma grand-mère
Claudine

Jérémie

_____ Mireille   _____ Aurélie   _____ Stéphanie

b Vrai (✓) ou faux (✗)? Dans la famille de Louis …
True (✓) or false (✗)? In Louis' family …

1 ses grands-parents s'appellent Claudine et Henri.   ___

2 Claudine est la femme de Jean-Claude.   ___

3 Stéphanie est la petite-fille de Claudine.   ___

4 Chantal est la tante de Jérémie.   ___

5 Jérémie est le frère de Stéphanie.   ___

6 Mireille est la fille de Louis.   ___

Cours de suédois *(pages 38–39)*

1 Complète les grilles. *Fill in the grids.*

un garçon	trois garçons
_ _ crayon	trois crayon_

_ _ chou	trois choux
un cheval	trois chevau_

une fille	trois fille_
_ _ _ table	trois tables

il _ _ _ _	joue	_ _ _ elles	jou _ _ _
_ _ elle	écrit	ils _ _ _ _ _	écrivent
_ _ _ _ _	est	_ _ _ _ _ _ _	sont

2 Madame Lesage a beaucoup de problèmes! Complète son mot au principal.
Mrs Lesage has got a lot of problems! Complete her note to the head.

Monsieur le Principal,
Dans ma salle de classe il y a ...

deux filles qui dessinent deux chevaux sur le mur,

une fille qui lave une chaussette,

trois garçons qui ...

_____

un garçon qui ...

une fille qui ...

deux garçons qui ...

_____

© Heinemann Educational 1998

Cours de géographie *(pages 40–41)*

1 Trouve la bonne image pour chaque description.
Find the picture that matches each description.

A

B

C

D

E

F

1 J'habite dans un grand immeuble à côté d'un collège. Près de chez moi, il y a d'autres immeubles, des magasins et des usines. **C**

2 J'habite dans une grande maison. A gauche, il y a une autre maison et à droite, il y a une église. En face de chez moi, il y a un grand arbre. ☐

3 J'habite dans une petite maison à la montagne. Près de ma maison, il y a un fleuve avec un pont. A côté du pont, il y a deux grands sapins. ☐

4 Là où j'habite, il y a beaucoup de collines. J'habite une petite maison dans un champ. Le champ est entre un bois et un fleuve. ☐

5 J'habite dans un immeuble au bord de la mer. En face, il y a la plage. A côté de mon immeuble, il y a des magasins et une église. ☐

6 J'habite dans une ferme à côté d'un forêt de sapins. Il n'y a pas d'immeubles, il n'y a pas de magasins, il n'y a pas d'usines … C'est super! ☐

2 Et toi? Où habites-tu? Ecris une description.
And you? Where do you live? Write a description.

_____

_____

_____

_____

Cours d'écologie (pages 44–45)

1 Trouve les paires. *Find the pairs.*

1 Arrose …! **F**　　　4 Ferme …! ___

2 Eteins …! ___　　　5 Recycle …! ___

3 Plante …! ___　　　6 Va …! ___

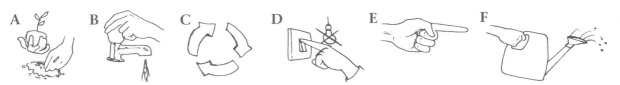

A　　B　　C　　D　　E　　F

2 Qu'est-ce que tu fais pour aider l'environnement? Coche (✓) les bonnes cases.
What do you do to help the environment? Tick (✓) the right boxes.

	Chez moi	Au collège
1 Je ferme les robinets.		
2 J'éteins la lumière.		
3 J'utilise les poubelles.		
4 J'utilise une calculatrice solaire.		
5 Je fais du compost.		
6 J'utilise un arrosoir pour arroser le jardin.		
7 Je plante des arbres.		
8 Je recycle le papier.		
9 Je recycle le carton.		
10 Je recycle le verre.		
11 Quand il fait froid, je mets un pull.		
12 Je ne prends pas de bain, je prends une douche.		
13 Je vais au collège en vélo.		
14 J'utilise un seau pour laver la voiture.		
15 Je vais au collège à pied.		
16 J'utilise un déodorant sans CFC.		

Combien de ✓?
19–23　Bravo, tu fais beaucoup pour aider l'environnement!
14–18　Ce n'est pas mal, mais tu peux faire mieux.
Moins de 14　Fais attention! Tu ne respectes pas la planète.

Journal intime (pages 46–47)

Complète le journal de Louis.
Complete the extract from Louis' diary.

une colle = *detention*
barbant = *boring*

Je me suis __levé__ à sept heures moins le quart. Il y

_____ du soleil. Je suis _____ dans la salle de bains

pour me préparer. Après, j'ai _____ mon petit déjeuner. Je

n'ai pas _____ dans mon cartable pour voir si j' _____

mes affaires.

Au collège, j'ai d'abord _____ un cours de maths. On a

_____ des multiplications. Le prof nous a _____

un exercice difficile et moi, j'avais _____ ma calculatrice! Je

n'ai pas fini l'exercice et le prof m'a donné une colle.

Il n' _____ pas sympa!

Après, nous _____ eu un cours d'histoire. La prof nous a

_____ des questions sur la Révolution française. Moi,

j' _____ dit que Napoléon a _____ guillotiné et la prof

a _____ que j'étais nul! Je _____ qu'elle est trop sévère!

A midi, je suis allé _____ à la cantine. Ensuite à deux heures,

j'ai _____ un cours de sport. On a _____ au

football. C'est barbant! Je _____ ça.

Après le collège, quand je suis _____ , il _____ .

Je suis rentré chez moi et j'ai _____ mes devoirs: deux heures et

demie. Je _____ crevé!

sorti   avais   oublié   déteste   posé   fait   donné   pris   ai   suis
allé   fait   levé   eu   est   regardé   été   pleuvait   eu   dit   avait
joué   avons   pense   manger

 **Révision** *(pages 50–51)*

Entoure l'intrus. *Circle the odd one out.*

1	chien	cheval	(chaussette)	chat
2	à gauche	à pied	tout droit	à droite
3	empereur	professeur	roi	chef
4	surveillant	magnétophone	marteau	pinceau
5	père	frère	mère	oncle
6	utile	fille	difficile	nul
7	CFC	EMT	CDI	EPS
8	parler	super	écrire	jouer
9	rivière	mer	fleuve	bois
10	maison	forêt	immeuble	ferme
11	français	suédois	bois	anglais
12	conseiller d'éducation	président	surveillant	principal
13	couture	cuisine	couloir	cantine
14	hôpital	église	usine	colline
15	faire la cuisine	faire du bruit	faire la lessive	faire la vaisselle
16	dimanche	ami	jeudi	mardi
17	musique	physique	graphique	informatique
18	à côté	en face	entre	en car
19	joue	chou	parle	dessine
20	jambe	pied	champs	nez
21	Argentine	Amazone	Australie	Ethiopie

J'aime regarder la télé (pages 52–53)

1 Relie les images et les émissions.
Join up the pictures and the programmes.

1
2
3

A une émission de sport
B les informations
C un dessin animé
D un documentaire
E un jeu télévisé
F un film

4
5
6

2 a C'est quelle sorte d'émission?
What type of programme is it?

D	20:00	**Roissy: la vie secrète d'un aéroport**
	13:50	**Grand match Pays-Bas/Angleterre**
	21:00	**Journal du monde**

	17:30	**Intervilles**
	18:20	**Highlander**
	11:00	**Retour de Bugs Bunny**

Trouve la bonne émission pour chaque description.
Find the right programme for each description.

1 Encore des aventures pour le célèbre lapin de Disney. Il a plus de cinquante ans mais on ne le dirait pas!

   Retour de Bugs Bunny

2 Nous rencontrons des hôtesses de l'air, un médecin, des bagagistes, des chauffeurs de taxi et, bien sûr, des voyageurs.

3 L'équipe anglaise joue contre l'équipe hollandaise.

4 Avec plus de huit millions de téléspectateurs, le jeu des villes recommence. Cette semaine, Toulouse joue contre Marseille.

5 Après la mort de sa mère et de son père "immortel", Kenny, dix ans, demande protection à McLeod et à Richie.

6 Trente minutes d'actualités mondiales, nationales et régionales avec météo.

J'aime lire (pages 54–55)

1 Lis les descriptions. Qui est-ce?
Read the descriptions. Who are they?

| Gillian Anderson et David Duchovny | Sting | 3T | East 17 |

Ils ont de dix-sept à vingt et un ans. Ils s'appellent TJ, Taryll et Taj. Ils sont frères et leur père s'appelle Tito. Ils ont fait un premier "single", "Anything" et un album, "Brotherhood". … Un autre détail? Ils ont une tante qui s'appelle Janet et un oncle qui s'appelle Michael.

Ils sont quatre jeunes de Walthamstow, à l'est de Londres. Leur nom vient du code postal de leur quartier. Ils s'intéressent à l'écologie et au mysticisme. Ils adorent jouer la comédie. Ils sont contre les drogues dures et les sodas alcoolisés.

1 _____

2 _____

En France, les nombreux fans de "Aux frontières du réel" sont devant leur télé tous les samedis soirs. Qui sont les héros de cette série Xtra-ordinaire? Et qui en est le créateur? La série est tournée à Vancouver, au Canada.

Son nouvel album s'appelle "Mercury Falling". L'ex-chanteur de Police a beaucoup de succès en France où il a enregistré "La belle dame sans regrets", sa première chanson en français. Il dit que Paul McCartney a eu une grande influence sur sa musique.

3 _____

4 _____

2 Trouve les équivalents français de …
Find the French equivalents of …

1 every Saturday evening _____

2 a big influence _____

3 the series is filmed _____

4 his new album _____

5 they're aged from 17 to 21 _____

6 hard drugs _____

7 one further detail _____

8 alcopops _____

9 postcode _____

Rendez-vous (pages 56–57)

Complète les bulles.
Complete the speech bubbles.

1

J'ai envie _____ d'aller au cinéma _____ .

On se retrouve _____ à huit heures et demie _____

devant le cinéma _____ ?

2

Je n'ai pas envie d'_____ .

_____

_____ ?

3

_____ .

_____

_____ ?

4

_____ .

_____

_____ ?

J'ai envie Je n'ai pas envie	d'aller	au cinéma à la pizzeria jouer au badminton manger au fast-food	à la piscine chez mes copains jouer au football
	de faire	du vélo	du patin à roulettes
	de jouer	aux cartes	

On se retrouve ... ?	à (huit) heures	(et quart) (et demie) (moins …)	devant derrière sur	la gare l'arrêt de bus le supermarché le collège	la piscine l'église le café le pont

© Heinemann Educational 1998

Ce soir on sort *(pages 60–61)*

1 Complète les grilles. *Complete the grids.*

rouge jaune rose

masculin	pluriel m	féminin	pluriel f
un pantalon rouge	des pantalons _____	_____ jupe rouge	des jupes _____
un pantalon jaune	_____ pantalons jaunes	une jupe jaune	_____ jupes jaunes
___ pantalon rose	des pantalons roses	une jupe _____	des jupes roses

vert gris bleu noir

masculin	pluriel m	féminin	pluriel f
___ tee-shirt vert	des tee-shirts verts	une chemise verte	___ chemises vertes
un tee-shirt gris	___ tee-shirts gris	une chemise _____	des chemises grises
un tee-shirt bleu	des tee-shirts bleus	une chemise _____	___ chemises _____
___ tee-shirt noir	des tee-shirts _____	___ chemise noire	___ chemises _____

blanc

masculin	pluriel m	féminin	pluriel f
___ jean blanc	___ jeans _____	___ veste blanche	___ vestes _____

marron

masculin	pluriel m	féminin	pluriel f
un gilet marron	___ gilets marron	une botte _____	___ bottes marron

2 Qu'est-ce qu'elle va mettre?
Dessine ses vêtements.
What is she going to wear?
Draw her clothes.

Pour faire du patin à roulettes, je vais mettre un gros pull jaune et rouge, un jean bleu, des chaussettes roses, des gants jaunes et une écharpe à carreaux noirs et blancs.

C'est qui? (pages 62–63)

1 Voici la description de quatre criminels. Mais … ils sont déguisés!
Here are the descriptions of four criminals. But … they are in disguise!
Retrouve les paires. *Match them up.*

A   B   C   D

Il est très grand et assez gros. Il a de petits yeux marron et un nez énorme. Il n'a pas de cheveux. Il a deux tatouages. Sur la main gauche, il a le mot *amour* et sur la main droite, le mot *haine*. Il porte un maillot noir. Il est très paresseux et assez bavard.

1 Photo ___

Elle est très grande. Elle est gourmande. Elle a les cheveux roux, ondulés et mi-longs avec une frange. Ses yeux sont grands et verts. Elle a une bouche énorme. Elle porte des lunettes carrées et un tee-shirt jaune. Elle a une boucle au nez.

2 Photo ___

Elle est très petite et très mince. Elle a les cheveux courts et blonds. Elle a de très grandes oreilles. Normalement elle a les yeux bleus mais elle porte des lentilles de contact vertes. Elle est un peu timide. Elle porte une chemise rose et bleue. Elle ne porte jamais de boucles d'oreille.

3 Photo ___

Il est petit. Il a les cheveux noirs, longs et raides. Il a les yeux noirs. Il a les mains très petites. Il porte des lunettes noires et un grand chapeau blanc. Sa chemise est blanche et sa veste est noire. Il a une boucle d'oreille. Il est assez travailleur.

4 Photo ___

2 Ecris une description et fais un dessin d'un criminel déguisé.
Write a description and draw a picture of a disguised criminal.

_____

_____

_____

_____

_____

On va au cinéma (pages 64–65)

1 Ils vont voir quel film? Retrouve les six paires.
Which film are they going to see? Match the six pairs up.

(A) **TILL:** Au XVIe siècle, les armées espagnoles se trouvent en Flandre. Till est un jeune patriote qui arrive à la cour d'un duc espagnol …

(B) **LA JUREE:** Annie (Demi Moore) est choisie comme jurée au procès d'un gangster. Si elle ne le trouve pas innocent, son fils est en péril.

(C) **LE VILLAGE DES DAMNES:** Dans un village anglais, tous les enfants ont des pouvoirs étranges …

(D) **LE SILENCIEUX:** L'ami de l'inspecteur McQ est mort. McQ découvre que l'assassinat est lié à un trafic de drogue …

(E) **CROCODILE DUNDEE:** En voyage en Australie, une journaliste américaine prépare un reportage sur un chasseur de crocodiles. Il retourne à New York avec elle. A mourir de rire …

(F) **LES AMIES:** A Johannesbourg, en Afrique du Sud, trois jeunes femmes habitent la même maison. Sophie est blanche, Aninka est afrikaner et Thokho est noire. Elles sont amies mais leur vie n'est pas sans problème.

(G) **LE CLOWN:** "Il" est revenu: dans une petite ville des Etats-Unis, des enfants sont assassinés. Puis le frère d'une des victimes voit un clown bizarre …

1 Moi, je veux voir un film policier. J'aime les films où il y a un mystère … [D]

2 J'ai envie de voir un film d'horreur. J'adore les films qui font peur.

3 Génial! Il y a un film comique ce soir. Je veux bien y aller, j'adore les films qui font rire.

4 Oh! Regarde! Un film de science-fiction. Ils font peur quelquefois mais ils font aussi rêver.

5 On dit que c'est un très bon film psychologique. Il fait pleurer et rire mais il fait réfléchir aussi.

6 Mmm, j'aime bien les films historiques … j'adore les vêtements et puis on apprend un peu d'histoire.

2 Quelle sorte de film aimes-tu? Ecris trois ou quatre phrases.
What type of film do you like? Write three or four sentences.

_____
_____
_____
_____

On fait du sport! *(pages 68–69)*

1 Trouve vingt-deux sports dans la grille. *Find twenty-two sports in the grid.*
Fais la liste. Attention! le, la ou l'? *List them. Take care! le, la or l'?*

K	A	R	A	T	E	U	B	A	S	K	E	T	E
A	P	O	U	E	S	C	R	I	M	E	R	T	V
Y	O	I	R	S	C	A	U	D	O	E	G	R	T
A	E	T	E	C	I	N	G	Y	M	F	O	A	A
K	Q	O	R	A	G	E	B	O	D	E	L	M	A
J	U	D	O	L	S	E	Y	S	P	O	F	P	T
I	I	S	K	A	T	E	B	O	A	R	D	O	H
R	T	O	V	D	I	F	O	O	T	B	A	L	L
D	A	N	S	E	V	E	I	L	E	E	S	I	E
E	T	N	N	B	A	D	M	I	N	T	O	N	T
E	I	P	L	O	N	G	E	E	N	M	I	E	I
V	O	I	L	E	E	N	S	K	I	A	I	J	S
E	N	A	T	A	T	I	O	N	S	D	O	N	M
C	V	E	C	U	Q	C	Y	C	L	I	S	M	E

1 __le karaté__
2 _____
3 _____
4 _____
5 _____
6 _____
7 _____
8 _____
9 _____
10 _____
11 _____
12 _____
13 _____

14 _____ 17 _____ 20 _____
15 _____ 18 _____ 21 _____
16 _____ 19 _____ 22 _____

2 Et toi? Ecris trois ou quatre phrases sur les sports que tu aimes, ceux que
tu n'aimes pas et ceux que tu n'as jamais essayés.
*And you? Write three or four sentences about the sports you like, the ones you
don't like and the ones you have never tried.*

J'aime	le karaté	et …
Je n'aime pas	la danse	mais …
Je n'ai jamais essayé	le ski	

_____

_____

_____

_____

_____

Fana de sport *(pages 70–71)*

Réponds aux questions. *Answer the questions.*

1 Quels sports pratiques-tu? _____

   _____

2 Combien de fois par semaine fais-tu du sport? _____

   _____

3 Combien d'heures de sport fais-tu par semaine? _____

   _____

4 Où est-ce que tu fais du sport? _____

   _____

5 Tu préfères les sports individuels ou les sports d'équipe? _____

   _____

6 Est-ce que tu joues dans une équipe? _____

   _____

7 Qu'est-ce que tu as comme équipement pour pratiquer ton sport?

   _____

   _____

8 Est-ce qu'il y un sport que tu voudrais essayer? _____

   _____

Je pratique	le judo la natation l'escalade	le (lundi) et le (mercredi) (deux) fois par semaine (cinq) heures par semaine	à la piscine à la maison des jeunes dans un club

Je (ne) joue (pas)	dans une équipe avec des copains

Je mets	un tee-shirt un short un sweat un justaucorps un pantalon (large) un maillot (de bain)	des baskets des bottes des chaussons une bombe

Révision *(pages 72–73)*

1 Complète les phrases dans la lettre de Séverine.
Complete the sentences in Severine's letter.

Cher Louis,

Qu'est-ce que tu fais _samedi soir?_ _____

On se retrouve _____

Moi, je suis _____

J'ai _____

Je porte _____

Je vais mettre _____

Qu'est-ce que _____

Tu as essayé _____

A la télé, je préfère _____

J'aime lire Picsou _____

Et toi, qu'est-ce que tu aimes _____

à 6 heures devant le cinéma?
les cheveux noirs, raides et courts.
le trampoline?
mon jean et un tee-shirt orange.
samedi soir?
tu as envie de faire?

les dessins animés.
petite et mince.
parce que j'adore les B.D.
des lunettes.
lire et regarder?

2 Ecris la réponse de Louis à la lettre de Séverine.
Write Louis' answer to Severine's letter.

_____
_____
_____
_____
_____
_____
_____

Reportage *(pages 74–75)*

1 Les vacances de Julie. Trouve la bonne image pour chaque paragraphe.
Julie's holiday. Find the right picture for each paragraph.

A

B

C

D

E

F

1 Aux grandes vacances, je suis partie de Paris en avion. Je suis allée voir mon oncle qui est directeur d'un collège au Sénégal. Le Sénégal se trouve dans l'ouest de l'Afrique.
D

2 La langue officielle du Sénégal est le français. Quand je suis arrivée au collège, tout le monde était content. J'ai aidé les élèves à faire leurs devoirs. J'ai joué au tennis et j'ai fait de la natation (j'adore ça). ____

3 J'ai passé quelques jours au parc national du Niokolokoba. J'ai voyagé en jeep et j'ai dormi sous une tente. La nuit, il faisait très froid. ____

4 Une nuit, je me suis réveillée et j'ai vu un lion assez près de la tente. Je n'ai pas bougé et après quelques secondes, il est parti. J'ai eu peur. ____

5 J'ai mangé du *tiébou diène*: c'est le plat national du Sénégal. C'est fait avec du riz et du poisson et c'est très, très bon. ____

6 Je suis rentré du Sénégal en septembre. Où est-ce que je voudrais aller maintenant? Eh bien, je voudrais retourner au Sénégal. C'est le pays de mes rêves! ____

2 Vrai (✓) ou faux (✗)? *True (✓) or false (✗)?*

1 Le Sénégal se trouve dans l'ouest de l'Afrique. ____

2 L'anglais est la langue officielle du Sénégal. ____

3 Pour aller au parc national, Julie a voyagé en jeep. ____

4 Elle n'a pas eu peur du lion. ____

5 Le *tiébou diène* est le plat national de la France. ____

6 Julie ne voudrait pas retourner au Sénégal. ____

© Heinemann Educational 1998

Horoscopes *(pages 76–77)*

1 Trouve le chiffre qui te gouverne et compare la description avec ton horoscope!
Find your ruling figure and compare the description with your horoscope!

La numérologie

Pour calculer le chiffre qui te gouverne …
additionne tous les chiffres de ta date de naissance.

Par exemple: le 31 décembre 1985
additionne $\qquad$ $3+1+1+2+1+9+8+5 = 31$
additionne à nouveau $\qquad$ $3+1 = 4$

Si tu es 1
Tu es impulsif/-ive, tu dois garder les pieds sur terre. Attention! Tu es un peu coléreux/-euse avec tes parents.

Si tu es 2
Tu es anxieux/-euse et assez pessimiste. Tu es un peu trop bavard(e).

Si tu es 3
Tu es farfelu(e) et rêveur/-euse. Essaie de parler un peu plus aux personnes que tu aimes.

Si tu es 4
Tu es indépendant(e) et un peu trop nerveux/-euse. Sois plus gentil(le) avec tes ami(e)s!

Si tu es 5
Tu es rieur/-euse. Tu t'amuses bien avec tes copains … mais n'oublie pas tes devoirs!

Si tu es 6
Ne sois pas timide. Les choses vont changer. Continue d'être déterminé(e) et courageux/-euse.

Si tu es 7
Tu es trop réservé(e). Il faut être plus actif/-ive et plus organisé(e).

Si tu es 8
Tu as des problèmes! Il faut être plus amical(e) et plus ouvert(e) avec tes copains.

Si tu es 9
Tu es très original(e) et artistique. Tu penses beaucoup au futur mais il faut penser au présent aussi.

2 C'est vrai ou c'est faux? Ecris une liste de tes caractéristiques et compare-la avec cette description. *Is it true or false? Write a list of your characteristics and compare it with this description.*

_____

_____

_____

_____

_____

Sondage *(pages 78–79)*

1 As-tu peur? Coche (✓) les bonnes cases. *Are you afraid? Tick (✓) the right boxes.*

As-tu peur …	Oui, j'ai peur.	Non, je n'ai pas peur.
◆ des lions?	☐	☐
◆ du/de la prof?	☐	☐
◆ des chats?	☐	☐
◆ de l'eau?	☐	☐
◆ des filles plus âgées?	☐	☐
◆ des serpents?	☐	☐
◆ des films d'horreur?	☐	☐
◆ du directeur?	☐	☐
◆ des chiens?	☐	☐
◆ des garçons plus âgés?	☐	☐
◆ des avions?	☐	☐
◆ des examens?	☐	☐
◆ des piqûres *(injections)*?	☐	☐
◆ des araignées?	☐	☐
◆ du Grand Huit?	☐	☐
◆ de la rivière sauvage?	☐	☐
◆ des fantômes?	☐	☐
◆ des bateaux?	☐	☐

Combien de **Oui**? ____
Plus de 10: Tu es trop timide. Sois plus courageux/-euse!

Combien de **Non**? ____
Plus de 10: Bravo. Mais ne sois pas trop indépendant(e)!

2 Réponds aux questions. *Answer the questions.*

Dans la liste …

qu'est-ce qui te fait le plus peur? _____

qu'est-ce qui te fait le moins peur? _____

Quelles autres choses te font peur? _____

Cuisine facile *(pages 82–83)*

Trouve la bonne instruction pour chaque image.
Find the right instruction for each picture.

LES CRÊPES

1 ____ K
2 ____
3 ____
4 ____
5 ____
6 ____
7 ____
8 ____
9 ____
10 ____
11 ____
12 ____

A Fais chauffer.

B Ajoute de la confiture.

C Mets la farine dans un grand saladier. Casse l'oeuf et mélange bien.

D Laisse cuire un peu.

E Laisse reposer une demi-heure.

F Mets la crêpe sur une assiette.

G Allume le gaz et mets le beurre dans une poêle.

H Mange!

I Retourne!

J Mets une cuillerée de pâte dans la poêle.

K Il te faut (pour 4 personnes):
2 cuillers à soupe de farine
un peu de beurre
1 oeuf
1 pincée de sel
1 demi-litre de lait

L Verse le lait petit à petit. Mélange bien.

chauffer = *to heat*
la pâte = *batter*
la poêle = *frying pan*

Courrier des lecteurs (pages 84–85)

1 Retrouve les paires. *Match up the pairs.*

Tu as une mauvaise opinion de toi? Demande à Tante Léonie.

Pessimiste

1 Je n'ai pas de copains.
2 Je suis trop bavard(e).
3 Je suis très gros(se).
4 Je suis gourmand(e).
5 Je ne suis pas du tout organisé(e).
6 Je suis nul(le) en français.
7 Je me dispute toujours avec mes parents.
8 Les autres pensent que je suis idiot(e).
9 Je suis nul(le) en maths. Je n'aime que le foot.
10 J'ai le nez trop grand.
11 Je passe beaucoup de temps à faire mes devoirs.
12 Je suis aggressif/-ive.
13 Je suis très têtu(e).
14 Je ne suis pas fidèle.
15 Je n'ai pas d'opinions.

Optimiste

A Tu as quelques difficultés en langues.
B Tu es très sportif/-ive.
C Tu as un profil intéressant.
D Tu es travailleur/-euse.
E Tu es courageux/-euse.
F Tu aimes te faire de nouveaux copains.
G Tu aimes être seul(e).
H Tu es déterminé(e)
I Tu es artistique.
J Tu n'es pas mince.
K Tu es indépendant(e).
L Tu discutes de tout avec tes parents.
M Tu es doux/douce et gentil(le).
N Tu adores manger.
O Tu parles de tout avec tes copains.

2 Ecris une réponse à ces lecteurs. *Write a reply to these readers.*

Chère Tante Léonie,

Je suis aggressive et têtue, je me dispute toujours avec mes parents et je n'ai pas de copains ...

Chère Tante Léonie,

Je suis gourmand, je suis très gros et j'ai le nez trop grand ...

© Heinemann Educational 1998

 **Informations** *(pages 86–87)*

Réponds aux questions pour chaque annonce.
Answer the questions for each advertisement.

Ça se passe	où?	Ça se passe	à …
			au …
			à l'…
	quand?		du … au …
Ça t'intéresse?		Oui, ça m'intéresse beaucoup.	
		Non, ça ne m'intéresse pas.	
Tu voudrais y aller?		Oui, je voudrais aller	à …
		Non, je ne voudrais pas aller	au …
			à l'…

**Des Artistes   Des Animaux
Des Violons**

**CIRQUE NATIONAL
HONGROIS DE BUDAPEST**

**MARSEILLE
PARC CHANOT HALL 3**
Du merc. 18 au mar. 31 décembre

1 *Ça se passe à …* _____
_____
_____
_____
_____
_____

2 _____
_____
_____
_____
_____
_____

GRAND

CHEZ LES
SAPEURS-POMPIERS
**Route d'Avignon
AIX-EN-PROVENCE
Samedi 30 novembre
à partir de 18 H 00**

COURS DE ROCK 'N' ROLL

CHA-CHA-CHA-ZOUK
VALSE

AU GYMNASE SYNERGYM
Les Romarins · Rue de Cuque
13100 AIX-EN-PROVENCE
tous les vendredis à 21 H 00

3 _____
_____
_____
_____
_____
_____

Dossier: L'orchestre de Darnétal (pages 90–91)

1 Souligne les instruments à vent en bleu. Souligne les autres mots que tu connais en vert. Cherche les mots que tu ne connais pas dans un dictionnaire.
Underline the wind instruments in blue. Underline the other words you know in green. Find the words you don't know in a dictionary.

Ecole de Musique

- le respect du rythme
- le solfège
- le développement de la créativité
- la technique instrumentale
- les musiques contemporaines
- la découverte des musiques du monde

Instruments:

flûte à bec   flûte traversière   piano   synthé

violon   accordéon   orgue   guitare

percussion (batterie)   trompette   saxophone

2 Lis la lettre d'Amandine et réponds aux questions.
Read Amandine's letter and answer the questions.

Cher James,

Tu me demandes si je joue d'un instrument. Je joue de l'accordéon dans un groupe folklorique avec mon père. Je joue aussi du piano. J'ai un cours de musique tous les jeudis. J'apprends le solfège et la technique instrumentale. J'adore la musique. J'aime la musique folklorique, bien sûr. J'aime aussi les musiques contemporaines comme le jazz, la musique africaine et le rock. Un jour, je voudrais jouer de la batterie dans un groupe de rock.

Et toi? Tu joues de la guitare? C'est de la guitare espagnole ou électrique? Et tu dis que tu aimes les musiques du monde. Mais quelles sortes de musique? Est-ce que tu joues dans un groupe?   Amandine

---

1 Amandine joue de quels instruments? __(Elle joue) de l'accordéon et ...__

2 Quand est-ce qu'elle a un cours de musique? _____

3 Qu'est-ce qu'elle y apprend? _____

4 Dans quelle sorte de groupe joue-t-elle? _____

5 Quelles sortes de musique aime-t-elle? _____

_____

6 Qu'est-ce qu'elle voudrait faire plus tard? _____

_____

7 James joue de quel instrument? _____

8 James aime quelle sorte de musique? _____

Poèmes *(pages 92–93)*

1 Complète et récite les poèmes. *Complete the poems and recite them.*

2 Souligne les adjectifs que tu ne connais pas. Cherche-les dans le dictionnaire.
Underline the adjectives you don't know. Find them in the dictionary.

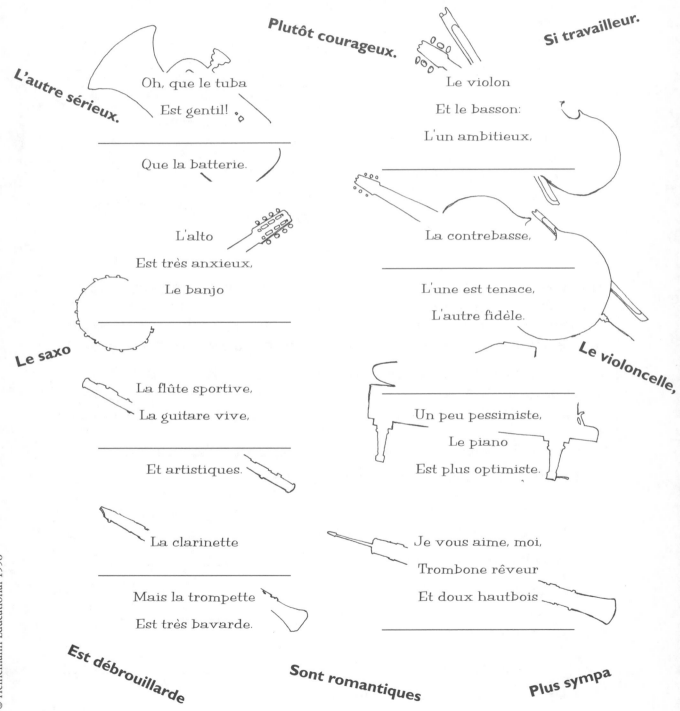

Plutôt courageux.

Si travailleur.

L'autre sérieux.

Oh, que le tuba
Est gentil!
_____
Que la batterie.

Le violon
Et le basson:
L'un ambitieux,
_____
La contrebasse,
_____
L'une est tenace,
L'autre fidèle.

L'alto
Est très anxieux,
Le banjo
_____

Le saxo

Le violoncelle,

La flûte sportive,
La guitare vive,
_____
Et artistiques.

Un peu pessimiste,
Le piano
Est plus optimiste.

La clarinette
_____
Mais la trompette
Est très bavarde.

Je vous aime, moi,
Trombone rêveur
Et doux hautbois
_____

Est débrouillarde

Sont romantiques

Plus sympa

La pub! (pages 94–95)

1 C'est une réclame pour quoi?
What is this advertisement for?

des vêtements ☐

un café ☐

l'Internet ☐

un club téléphonique ☐

un club de musique ☐

Phone Café

TU AS UNE SUPER VOIX, JULIE!

JE SAIS, JE SAIS ... MAX!

Phone Café est un lieu magique où tu vas pouvoir dialoguer de tous les sujets qui te tiennent à coeur avec nos deux spécialistes Babette ou Cindy. Mais ce n'est pas tout ... tu pourras ensuite dialoguer avec tous les connectés qui seront en même temps que toi en ligne afin de lier des amitiés, parler musique, ciné, mode ...

... Appelle tout de suite le
01 25 50 50 50

2 Trouve les équivalents français de ...
Find the French equivalents of ...

1 a magic place _____

2 on line _____

3 to make friendships _____

4 you've got a great voice _____

5 I know _____

6 call right away _____

7 fashion _____

8 our ... specialists _____

9 to talk about music _____

10 to have a conversation with _____

Révision *(pages 96–97)*

Relie les bulles pour faire cinq conversations.
Join up the speech bubbles to make five conversations.

1 J'ai très envie de jouer de la guitare mais je n'y arrive pas. J'ai un livre mais ça ne marche pas et puis je ne connais pas le système ... c'est difficile.

2 Je suis grosse et j'ai le visage plein de boutons. Je n'ai pas envie de sortir ... Je ne sais pas quoi faire ... je suis gourmande ...

3 En vacances, j'ai mangé de la flaugnarde et maintenant je voudrais en faire. Tu sais la faire, toi?

4 ... Je déteste aller chez le médecin. Tu n'as pas peur, toi?

5 Ne t'inquiète pas! Il faut bien manger, c'est tout. Mange plus de légumes et de fruits frais et évite les gâteaux et les bonbons. Et puis, tu te laves le visage deux ou trois fois par jour et ensuite tu mets un produit pour la peau ...

6 L'année dernière, je suis allée en Floride. On a visité Disney: c'était super génial, et puis on est allés dans un parc national où il y avait des alligators tout près ...

7 Penses-tu! Mardi dernier au collège, on a eu une piqûre anti-tétanos et la fille devant moi a eu très peur et elle est partie très vite et la prof a dit ...

8 Mais ... il te faut des leçons particulières! Attends, j'ai vu une annonce dans le journal ... Ah, oui! La voici! "Elève diplômée conservatoire donne cours guitare". Tu peux téléphoner ...

9 En août, je vais aux Etats-Unis. J'ai envie de visiter le Grand Canyon et d'aller aux parcs d'attractions. Et puis, il paraît qu'on mange très bien là-bas ...

10 Oui, bien sûr! C'est facile. Tu prends des prunes ou des cerises, quatre oeufs, quatre cuillerées de farine, quatre cuillerées de sucre et un verre de lait ...

Echange *(pages 98–99)*

1 Complète la lettre de Pascal.
Complete Pascal's letter.

2 Remplis la fiche de Laura.
Fill in Laura's form.

Echange scolaire

Nom: __Gautier__

Prénom: __Pascal__

Sexe: m ☐ f ☑

Age: __13 ans__

Profession des parents/tuteurs:

__infirmier et concierge__

Famille: __beau-père, mère, 2 soeurs__

Animaux: __chat__

Région: Urbaine ☑ Rurale ☐

Caractère: __rieur/sympa__

Loisirs: __VTT, guitare, télé__

_____

Allergies: __rhume des foins__

Echange scolaire

Nom: _____

Prénom: _____

Sexe: m ☐ f ☐

Age: _____

Profession des parents/tuteurs:

_____

Famille: _____

Animaux: _____

Région: Urbaine ☐ Rurale ☐

Caractère: _____

Loisirs: _____

_____

Allergies: _____

Chère Laura,

Salut! Je m'appelle _____ . J'ai

_____ ans. Dans ma famille, il y a

mon _____, ma _____ et mes

deux _____ . Mon beau-père est

_____ et ma mère est _____ .

J'ai un _____ . Il s'appelle Théo.

J'habite dans une maison dans une région

_____ . Je suis _____ et

_____ . J'aime faire du _____,

jouer de la _____ et regarder la

_____ . J'ai le _____ .

Ecris-moi vite, Pascal

Cher Pascal,

Merci pour ta lettre. Moi, j'ai quatorze ans.
Dans ma famille, il y a ma mère, ma
grand-mère, et mes deux frères. Ma mère est
chauffeur de taxi. J'ai un chien qui s'appelle
Mickey et deux souris. J'habite dans une
ferme à la campagne.

Je suis sociable et bavarde. J'aime jouer au
football et faire de la natation. Je collectionne
les boîtes d'allumettes. Je n'ai pas d'allergies.
A bientôt,

Laura Paradis

Des cadeaux pour les correspondants *(pages 100–101)*

1 Mets les lettres dans l'ordre pour trouver des collections et des intérêts.
Rearrange the letters to find some collections and some interests.

1 rosstep   <u>posters</u>

2 snip'   _____

3 D.B.   _____

4 smogme   _____

5 ribstem   _____

6 servil ed uisnice   _____

7 lotcoalatsun   _____

8 ecoolraghié   _____

2 Retrouve l'intérêt de chaque personne et complète les bulles.
Find each person's interest and fill in the speech bubbles.

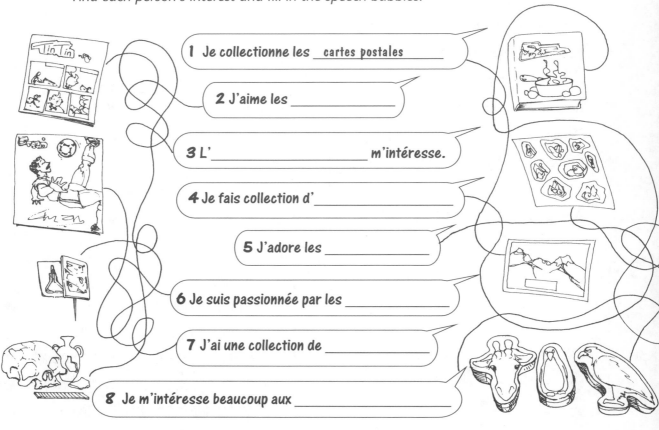

3 Et toi? Qu'est-ce que tu collectionnes? Qu'est-ce qui t'intéresse?
Ecris trois phrases.
And you? What do you collect? What are you interested in? Write three sentences.

_____

_____

_____

Voici ma famille *(pages 102–103)*

Trouve et écris les bonnes phrases pour chaque image.
Find the right sentences for each picture and write them out.

Voici mon frère Bozo.   Tu as faim?   Voici ta chambre.
Voici la salle de bains.   Ça, c'est mon chat.   Tu es fatigué? Tu veux aller au lit?
Voici mon père.   Tu as fait bon voyage?   On va manger.
Tu veux te laver?   C'est ma mère.

S'il vous plaît, je peux …? (pages 106–107)

Complète la lettre de Séverine.
Complete Séverine's letter.

Chère Maman,

Je ne veux pas rester ici, chez Tante Hélène! C'est affreux!

Je ne peux pas _____ regarder la télé _____, je ne peux pas

_____, je ne peux pas

_____. Je dois aider Tante Hélène à

_____, à _____

_____ et à _____ .

Je dois aider Oncle Pierre à _____

et à _____ .

En plus, Tante Hélène me dit toujours de _____

ou de _____ quelque chose

et Oncle Pierre me dit de _____,

de _____ et d'

_____ … à 9 heures!!!

S'il te plaît, Maman, viens me chercher, je ne veux pas rester ici!

Je t'embrasse,

Séverine

boire	mettre	passer	l'aspirateur	~~la télé~~
faire	laver	sortir	mon lit	à l'ordinateur
jouer	aller	me coucher	la table	la vaisselle
manger	~~regarder~~		la voiture	une douche
débarrasser	prendre		le soir	

Le programme des activités (pages 108–109)

C'était quand? *When was it?*

1 On a visité le château de Rochester.   **lundi après-midi**

2 Je suis arrivé à Rochester.

3 Nous avons vu les soldats de la Reine.

4 On a mangé dans un grand parc à Londres.

5 Nous sommes allés au cinéma.

6 Je suis parti de Rochester.

7 J'ai fait du shopping à Londres.

8 Je suis allé à une réception et j'ai gagné un beau livre.

9 On a fait une promenade à cheval.

10 On a joué au football contre les Anglais.

SEJOUR LINGUISTIQUE ET CULTUREL A ROCHESTER		
lundi	matin après-midi soir	Accueil des familles anglaises et découverte de Rochester Visite guidée à pied du château, de la cathédrale et du Musée Dickens Soirée en famille
mardi	matin après-midi soir	Excursion à Londres pour la journée Visite du Musée des Sciences Naturelles Pique-nique à Kensington Gardens Visite de Covent Garden Soirée en famille
mercredi	matin après-midi soir	3 cours Piscine, animation sportive Bowling à Chatham
jeudi	matin après-midi soir	Excursion à Londres pour la journée Visite guidée en autocar: Visite de l'Abbaye de Westminster, La Relève de la Garde devant le Palais de Buckingham Promenade à pied: Piccadilly, Oxford Street, Carnaby Street (possibilité de faire des achats) Film "Retour des dinosaures"
vendredi	matin après-midi soir	2 cours Pique-nique sur les bords du Medway Promenades à poney sur les collines Soirée en famille
samedi	matin après-midi soir	3 cours Grand match de foot Soirée d'adieu avec remise des prix
dimanche	matin	Retour

© Heinemann Educational 1998

Le programme des activités (pages 108–109)

C'était quand? *When was it?*

1 On a visité le château de Rochester.   **lundi après-midi**

2 Je suis arrivé à Rochester.

3 Nous avons vu les soldats de la Reine.

4 On a mangé dans un grand parc à Londres.

5 Nous sommes allés au cinéma.

6 Je suis parti de Rochester.

7 J'ai fait du shopping à Londres.

8 Je suis allé à une réception et j'ai gagné un beau livre.

9 On a fait une promenade à cheval.

10 On a joué au football contre les Anglais.

SEJOUR LINGUISTIQUE ET CULTUREL A ROCHESTER		
lundi	matin après-midi soir	Accueil des familles anglaises et découverte de Rochester Visite guidée à pied du château, de la cathédrale et du Musée Dickens Soirée en famille
mardi	matin après-midi soir	Excursion à Londres pour la journée Visite du Musée des Sciences Naturelles Pique-nique à Kensington Gardens Visite de Covent Garden Soirée en famille
mercredi	matin après-midi soir	3 cours Piscine, animation sportive Bowling à Chatham
jeudi	matin après-midi soir	Excursion à Londres pour la journée Visite guidée en autocar: Visite de l'Abbaye de Westminster, La Relève de la Garde devant le Palais de Buckingham Promenade à pied: Piccadilly, Oxford Street, Carnaby Street (possibilité de faire des achats) Film "Retour des dinosaures"
vendredi	matin après-midi soir	2 cours Pique-nique sur les bords du Medway Promenades à poney sur les collines Soirée en famille
samedi	matin après-midi soir	3 cours Grand match de foot Soirée d'adieu avec remise des prix
dimanche	matin	Retour

© Heinemann Educational 1998

On déjeune dans une brasserie *(pages 110–111)*

1 Complète le rap de la brasserie.
Complete the brasserie rap.

merci	thon	rôti	poisson
noix	principal	pâté	choisi
plaît	addition		

– *Et comme plat* _____?

Un poulet _____?

Ou peut-être un hamburger royal?

– Non, je prends un steak garni.

– Le menu, monsieur, s'il vous __plaît__ !

– *Oui, madame, le voici.*

... Alors, madame, qu'est-ce que vous voulez?

Est-ce que vous avez _____?

Qu'est-ce que vous prenez comme entrée?

Le poisson est très bon.

– Ah non, moi je préfère le _____.

Je déteste le _____.

– *Légumes, frites, une salade maison?*

C'est très bon, c'est aux _____.

Salade niçoise? – Non, c'est au _____.

Et puis, il y a des anchois.

– *Vous prenez un dessert? Une glace à la vanille?*

Vous voulez une boisson?

– Non, non, je ne veux rien, _____.

Apportez l'_____!

2 Ecris d'autres vers ou écris un dialogue au restaurant.
Write some different verses or write a dialogue in the restaurant.

_____

_____

_____

_____

_____

_____

Voyage à Paris *(pages 114–115)*

Complète les deux conversations à la gare.
Complete the two conversations at the station.

- Bonjour, 🚹 <u>monsieur</u> .

- Bonjour, 🚺 _____ .

- _____ pour

_____ , *s'il vous plaît.*

PARIS–ROUEN
1re   PL. TARIF

- Voilà.

- Le train pour Rouen part à quelle heure?

- A [19:30] _____ .

- _____ ? [1] [2] [3] ?

- _____ . [3]

- Où se trouvent 🚻 _____ , *s'il vous plaît?*

- _____ . 👉

- _____ . ✊

- Bonjour, 🚹 _____ .

- Bonjour, 🚹 _____ .

- _____

_____ , *s'il vous plaît.*

ROUEN–PARIS
PARIS–ROUEN
2me   1/2 TARIF

- Le train pour _____ ? [?]

- A [18:36] _____ .

- _____ ? [1] [2] [3] ?

- _____ . [6]

- Où se trouve 🍴 _____ , *s'il vous plaît?*

- _____ . 👉

- _____ . ✊

---

monsieur	un aller-simple	plein tarif	un aller-retour
C'est quel quai?	madame	le buffet	demi-tarif
Là, regardez.	les toilettes	Merci, au revoir.	

Les plus beaux monuments de Paris (pages 116–117)

Connais-tu Paris? Ecris le bon nom sous chaque monument.
Do you know Paris? Write the right name below each monument.

A

_____

B

_____

C

_____

D

_____

E

_____

F

_____

G

_____

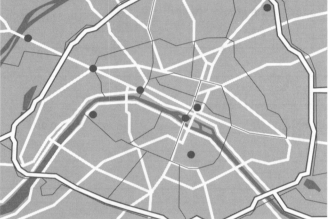

H

_____

| La Conciergerie | L'Arc de triomphe | La cité des Sciences | L'obélisque de Louxor |
| La tour Eiffel | La grande Arche | Le centre Pompidou | La mosquée de Paris |

Extra!

Prépare une description de chaque monument.
Write a description of each monument.

Exemple: La grande Arche, c'est une immense arche.

C'est	une immense arche.
C'était	un centre artistique très moderne.
	un cadeau des Egyptiens.
	un bâtiment religieux construit pour les musulmans de Paris.
	un complexe de musées avec un grand cinéma.
	un monument construit par Napoléon 1er.
	une prison pendant la Révolution.
	un bâtiment très haut.

 **Vive la différence!** *(pages 118–119)*

Complète l'article de Louis.
Complete Louis' article.

C'est très __différent__ ici en Angleterre. Il y a beaucoup _____ d'élèves

dans le collège que dans notre collège en France. Il y a beaucoup moins de

_____ aussi. Tous les élèves portent un _____: jupe grise ou

_____ gris, pull bleu marine, chemise _____ et une

cravate à rayures bleu marine et vertes!!

A la cantine, les _____ sont différents aussi. On ne mange pas

d'_____ . Comme plat principal, on _____ un hamburger ou une salade.

Comme dessert, _____ mange un pudding ou un gâteau, c'est _____ bon.

Il faut aller au collège le _____ mais on n'y _____ pas le samedi.

On a _____ toute la journée et on ne peut pas _____ du collège à midi.

Je suis _____ une famille sympa. Ils _____ une jolie maison

blanche avec un _____ . Dans la salle de bains, il y a une _____

mais il n'y a pas de douche. Monsieur Murphy adore le sport. Le samedi après-

midi, il _____au cricket; le cricket est un _____ très bizarre.

Le week-end au petit _____, on mange des _____ avec du bacon.

On ne mange pas beaucoup le _____ . Mais on boit beaucoup de _____ .

---

joue	soir	sortir	uniforme	on
différent	jeu	oeufs	moins	mercredi
cours	baignoire	thé	profs	déjeuner
habitent	blanche	dans	mange	jardin
très	va	repas	pantalon	entrée

Extra!

Ecris la lettre d'un visiteur français sur ton collège et ta famille.
Utilise la lettre de Louis comme modèle.
Write the letter a French visitor would write about your school and your family.
Use Louis' letter as a model.

Révision (pages 120–121)

Remplis les mots croisés.
Fill in the crossword.

Horizontalement

2 & 29 Tu veux ... laver?
3 Jour de la semaine
6 Je suis ... au collège.
8 ... , tu, il, elle
9 Donné par l'Egypte à la France
10 Tu veux ... sandwich?
13 Un ... à cheveux
15 Un billet ...
16 & 17 C'est mon chien. ... n'est pas méchant.
18 Tu veux aller ... lit?
19 Tu as mal à la tête? Tu veux de l'...?
20 & 21 ... comme boisson?
22 On ... allés à la piscine.
24 Le train part du ... numéro 3.
26 En Angleterre, c'est ... différent.
28 ... jus d'orange
29 Voir 2.
30 Son père et ... mère
31 Le ... des foins
32 Ici, ... les élèves portent un uniforme.
34 Faire ... vaisselle
35 J'ai quatorze ...

Verticalement

1 J'ai ... à la tête.
2 Tu veux regarder la ...?
3 Pour les musulmans
4 J'aime ..., je suis rieur.
5 ... train part à quelle heure?
7 Tu as ...? Tu veux boire quelque chose?
8 J'aime ... au tennis.
9 Tu veux jouer à l'...?
11 Où sont les ... , s'il vous plaît?
12 Un billet demi-tarif ou ... tarif?
14 S'... vous plaît
18 ... aux quais
23 La ... Eiffel
24 Le train part de ... quai?
25 C'est un musée d'... moderne.
27 Je ne ... pas.
29 ... es fatigué?
33 ... a fait du shopping.

Qu'est-ce qu'on peut faire ici? *(pages 122–123)*

Complète les brochures.
Complete the brochures.

le	la	l'
du	de la	de l'

Au Centre Sportif

On peut faire

de la planche à voile

du tennis

de l'alpinisme

_____

_____

Au Séjour Aventure

_____

_____

_____

_____

Aux Vacances Détente

_____

_____

_____

_____

_____

l'alpinisme
le canoë-kayak
le cyclo-tourisme
le dériveur
l'équitation
l'escalade
la natation
le parachutisme
le parapente
la planche à voile
la plongée sous-marine
la randonnée
le ski d'été
le tennis
le vélo-cross
le vol à voile

Extra!

Invente et dessine d'autres sports.
Invent some other sports and draw them.

le canoë-**cross**

le vélo **sous-marin**

Préférences *(pages 124–125)*

1 Trouve les réponses de Caro aux questions de Fabien.
Find Caro's answers to Fabien's questions.

1 Alors, où es-tu allée en vacances? **h**

2 Où as-tu passé les vacances? Dans un gîte? ☐

3 Qu'est-ce que tu as fait? ☐

4 C'était comment? ☐

5 Tu as visité des sites historiques? ☐

6 Pourquoi? ☐

7 Tu voudrais aller où l'année prochaine? ☐

8 Où voudrais-tu passer tes vacances? A l'hôtel? ☐

a C'était pas mal.

b Non, je n'aime pas ça.

c Je voudrais aller au bord de la mer.

d J'ai fait de l'escalade et j'ai sauté en parachute ...

e Oui, parce que j'adore aller à l'hôtel.

f Non, dans une ferme.

g Parce que c'est nul.

h Je suis allée aux Deux Alpes.

2 Trouve et écris une question pour chaque réponse.
Find a question for each answer and write it out.

A Tu voudrais aller où l'année prochaine? _____   Je voudrais aller à Bourg-en-Bresse.

B _____   Je préfère passer mes vacances dans une colonie de vacances.

C _____   Parce que j'aime me faire de nouveaux copains.

D _____   J'ai fait de l'équitation et je suis allé dans un parc d'attractions.

E _____   C'était génial!

F _____   Oui, c'était très intéressant.

G _____   Non, dans un camping.

H _____   Je suis allé à Gavarnie.

On fait les valises (pages 126–127)

1 Complète les messages. *Complete the messages.*

Je vais SARLAT __à Sarlat.__

Je vais partir **Lundi** _____ ,

en _____ .

Je vais faire

_____ et

_____ .

J'ai besoin de

_____

_____

_____

_____

_____ et _____ .

Je vais PYRENEES _____ .

Je vais partir **Me** _____ ,

Je vais _____

_____ et

_____ .

J'ai besoin de

_____

_____

_____

_____

_____ et _____ .

Je vais	à Sarlat sur la Côte d'Azur dans les Pyrénées	Je vais partir	lundi/mardi/mercredi/ jeudi/vendredi/ samedi/dimanche	en train en car en avion

Je vais faire	du/de la/de l'	vélo/plongée sous-marine/escalade/...

J'ai besoin de	mon/ma/mes	jean/tee-shirts/serviette/chemise de nuit/ chaussettes/short/sweats/survêtement/ trousse de toilette/baskets/livres/...

2 Et toi? Où vas-tu, comment et quand? Qu'est-ce que tu emportes?
And you? Where are you going, how and when? What are you taking?

_____

_____

_____

_____

© Heinemann Educational 1998

On fait du camping (pages 130–131)

1 Trouve les paires.
Find the pairs.

2 Trouve le bon camping pour chaque personne.
Find the right campsite for each person.

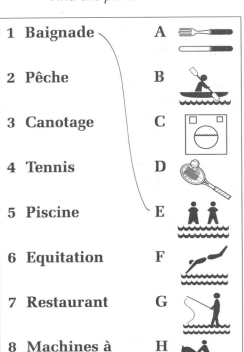

1 **Baignade**

2 **Pêche**

3 **Canotage**

4 **Tennis**

5 **Piscine**

6 **Equitation**

7 **Restaurant**

8 **Machines à laver**

A

B

C

D

E

F

G

H

Je voudrais réserver huit emplacements pour un groupe scolaire de quatre professeurs et vingt enfants du 16 au 23 juin.
Est-ce qu'il y a une baignade et des machines à laver sur le terrain?
Est-ce qu'il y a la possibilité de faire de l'équitation dans la région?

A   Camping _____

Je voudrais réserver un emplacement pour une tente du 2 au 12 juillet. Nous sommes deux adultes et un enfant. Nous avons une voiture.
Est-ce que vous avez un restaurant et un terrain de tennis?
Je voudrais savoir en plus si on peut faire de la pêche dans la région.

B   Camping _____

NAVES 19460 C4	St-GERMAIN-LES-VERGNES 19330 C4	St-PRIEST-DE-GIMEL 19800 D4
CAMPING MUNICIPAL DES ARÈNES **	CAMPING DE LASCAUX **	CAMPING DE RUFFAUD ***
☎ 05 55 26 60 16	☎ 05 55 29 30 90	☎ 05 55 21 26 65
6 km de Tulle – 100 empl.	15 km de Tulle – 50 empl.	12 km de Tulle – 100 empl.
Ouvert du 1/7 au 31/8	Ouvert du 15/6 au 15/9	Ouvert du 15/6 au 15/9

3 Complète le texte de la brochure pour le Camping Municipal des Arènes.
Complete the brochure text for the Arènes Municipal Campsite.

Le Camping Municipal des Arènes est à __six__ kilomètres de Tulle.

Il est ouvert du _____ au _____ . Il y a _____ emplacements.

Sur le terrain il y a une baignade, _____

_____ . On peut faire _____ dans la région.

Au centre commercial (pages 132–133)

Au magasin de vêtements. Ecris le dialogue pour chaque image.
In the clothes shop. Write the dialogue for each picture.

1 Bonjour.

Soixante-quinze/Quatre-vingts/Quatre-vingt-six/Quatre-vingt-onze.

Deux cents/Deux cent cinquante/Trois cents/Trois cent cinquante francs.

De quelle couleur?

Voilà.   Oui, bien sûr.

De quelle taille?   Bonjour.

Oui, je le prends./Non, c'est trop cher/court/long/petit/grand.

Je voudrais un tee-shirt/un pull/une robe.

Ça coûte combien?

Vert/Bleu/Rouge/Blanc/Gris/Noir.

Je peux l'essayer?

Ça va?

Une promenade en vélo *(pages 134–135)*

1 Louis veut aller de la Chaype aux Ruines des Cars. Mais il a des problèmes!
Mets les instructions dans le bon ordre. *Louis wants to go from la Chaype to
the ruins at les Cars. But he has problems! Put the instructions in the right order.*

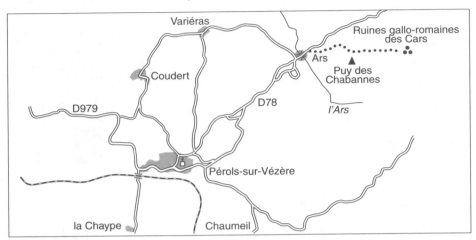

A Ensuite, après l'église, on va tourner à droite. ____

B On va passer sous le pont de chemin de fer. ____

C A l'embranchement, on va prendre la D78. ____

D On va traverser le village de Pérols-sur-Vézère. ____

E On va continuer tout droit … et les ruines sont là! ____

F On va laisser le Puy des Chabannes à droite. ____

G A la D979, on va tourner à droite. ____

H D'abord, en sortant de la Chaype, on va aller tout droit. __1__

I A la rivière d'Ars, on va tourner à droite. ____

2 Ecris des instructions pour retourner des Cars à la Chaype, puis pour
aller de Coudert à Chaumeil.
*Write instructions for returning from les Cars to la Chaype, then for getting from
Coudert to Chaumeil.*

_____

_____

_____

_____

_____

Qu'est-ce que tu sais faire? *(pages 138–139)*

1 Trouve les réponses aux questions.
Find the answers to the questions.

prestidigitateur = *conjuror*

1 Est-ce que tu sais faire des tours de magie? **F**

2 Tu sais faire du vélo? ☐

3 Tu voudrais apprendre à faire des pulls? ☐

4 Tu ne sais pas très bien nager? ☐

5 Tu voudrais apprendre à faire du ski à cheval? ☐

6 Est-ce que tu voudrais apprendre à faire de la planche à voile? ☐

7 Tu sais construire des maquettes de voitures de course? ☐

8 C'est vrai qu'il est facile de faire de l'alpinisme? ☐

A Oui. Maintenant je voudrais apprendre à faire du mountain-bike volant.

B Non, la natation est plus difficile que l'équitation.

C Oui, parce que j'ai déjà fait de l'équitation et du ski d'été.

D Non, parce que je ne sais pas nager.

E Oui. C'est plus facile de faire du modélisme que de conduire.

F Oui, un peu. Je voudrais apprendre à être prestidigitateur.

G Non, c'est beaucoup plus difficile que l'escalade.

H Oui, je sais tricoter, mais pas très bien.

2 Ecris d'autres questions et d'autres réponses.
Write some more questions and answers.

(Est-ce que) tu sais …?	faire des tours de magie
Oui, je sais …	conduire une voiture de course
Non, je ne sais pas …	jouer aux échecs
Tu voudrais apprendre à …?	parler japonais
Je voudrais apprendre à …	faire du ski sur sable

C'est	facile/difficile		
	plus/moins	facile/difficile	que …

_____

_____

_____

_____

Défense de … (pages 140–141)

1 Ecris un panneau pour chaque situation. *Write a sign for each situation.*

1

2

3

4

Tu ne peux pas Tu ne dois pas	fumer marcher parler entrer nager	rentrer toucher conduire jouer traverser	sur les pelouses la voie de chemin de fer après minuit avec les animaux dans le magasin	la pomme ici les tableaux à gauche dans la rue

2 Fais un dessin pour chaque panneau. *Draw a picture for each sign.*

Tu ne dois pas manger la pomme!	Tu ne dois pas toucher les tableaux!

 *Révision* (pages 142–143)

Entoure l'intrus. *Circle the odd one out.*

1 gîte	(église)	auberge de jeunesse	hôtel
2 savates	sweats	tennis	baskets
3 vol à voile	parachutisme	alpinisme	parapente
4 en hiver	en été	en automne	en face
5 de l'escalade	des tours de magie	de la planche à voile	de l'équitation
6 trop petit	trop long	trop difficile	trop cher
7 train	car	maison	avion
8 super	génial	nul	extra
9 chaussettes	chaussures	cheval	chemise de nuit
10 à côté	au printemps	à gauche	à droite
11 en face	derrière	en vacances	entre
12 raquette	balles	vélo	tennis
13 la Côte d'Azur	les Deux Alpes	l'Ornithologie	les Pyrénées
14 corde	combinaison étanche	masque de plongée	maillot de bain
15 tente	car	caravane	camping-car
16 j'ai nagé	j'ai fait du ski	je voudrais sauter en parachute	j'ai visité les sites historiques
17 boucherie-charcuterie	pharmacie	confiserie	boulangerie
18 canoë-kayak	vélo-cross	machine à laver	planche à voile
19 réservoir	rivière	mer	bois
20 la Loire	l'Ardèche	la Randonnée	la Dordogne

© Heinemann Educational 1998

Révision *(pages 142–143)*

Réponds aux questions. *Answer the questions.*

1 Où as-tu passé les vacances?

_____

2 Tu as voyagé comment?

_____

3 Qu'est-ce que tu as fait aux dernières vacances?

_____

_____

_____

4 Qu'est-ce que tu penses des maths au collège?

_____

5 Où est la salle des profs dans ton collège?

_____

6 Qu'est-ce que tu préfères faire le soir après tes devoirs?

_____

_____

_____

7 Qu'est-ce qu'il y a près de chez toi?

_____

_____

_____

8 Qu'est-ce qu'il y a à la télé ce soir?

_____

9 C'est quelle sorte d'émission?

_____

10 Qu'est-ce que tu vas faire la semaine prochaine?

_____

_____

_____